Luis Amaranto Perea

¡A la Cumbre!

2012: Llega a los 300 partidos con el Atlético de Madrid, el día de su cumpleaños: el 30 de enero.

2011: Es Capitán de la Selección Colombia, en un partido en el que gana a la Selección de Bolivia, en noviembre.

2010: El Alcalde de Medellín lo condecora con la Medalla al Mérito Deportivo, el 15 de junio.

2005: Recibe el premio "Colombiano Ejemplar".

2004: Debuta en el Atlético de Madrid, el 28 de agosto.

Es vendido por 4 millones de dólares al Atlético de Madrid, a mediados de año.

2003: Ganó el torneo Apertura y la Copa Intercontinental, con Boca Juniors.

Debuta en la Selección Colombia, el 10 de septiembre.

2002: Sale Campeón en el Torneo Finalización, con el Independiente de Medellín.

1979: Nace Luís Amaranto Perea Mosquera, el 30 de enero.

Ficha personal

Nombre: Luis Amaranto Perea Mosquera

Apodos: La Pantera Colombiana, Lucho, Luchito, Turboatlético, Locomotora

Lugar de nacimiento: Currulao, Colombia

Cumpleaños: 30 de enero

Signo: Acuario

Altura: 1.79 m.

Posición: Defensor/ zaguero central

Twitter: @luisamaraperea

Clubes en los que jugó: Independiente de Medellín, Boca Juniors, Atlético de Madrid.

Récords:

- 300 partidos con el Atlético de Madrid
- Está entre los 10 jugadores con más participáción en la Selección Colombia

ISBN-13: 978-1-4222-2601-8 (hc) — 978-1-4222-9144-3 (ebook)

Impresión (último dígito) 9 8 7 6 5 4 3 2 1
Impreso y encuadernado en los Estados Unidos.
CPSIA Información de cumplimiento: lote S2013.
Para más información, comuníquese con Mason Crest a 1-866-627-2665.

Acerca de los Autores: Elizabeth Levy Sad. Es editora y periodista. Ha publicado artículos en Página/12, revista Veintitrés, Toward Freedom, Tourist Travel, In-Lan, Men's Life Today y Cuadernos para el Diálogo, entre otros medios. Trabaja como editora para iVillage (NBC). Colabora en la revista Más Salud.

Esteban Eliaszevich. Editor y periodista. Especializado en turismo, viajó por más de 40 países de África, América, Asia y Europa. Fue editor del Suplemento de Turismo del periódico Country Herald. Colabora en las revistas Galerías y Go Travel & Living.

Créditos de las fotos: EFE/Edwin Bustamante: 4; EFE/Toni Garriga: 25; EFE/Leo La Valle: 7; EFE/Victor Lerena: 24; EFE/Sebastian Lopez/ep: 15; EFE/Leonardo Muñoz: 2; EFE/Rafa Salafranca: 18; EFE/STR: 21; EFE/Jose Manuel Vidal: 12; © 2012 Photos.com, una división de Getty Images: 11; Shutterstock.com: 1, 20, 22, 26.

CONTENIDO

Amaranto Perea, colombiano que juega en el equipo argentino Boca Juniors, saluda a la afición de Medellín en el marco de la Copa Suramericana de Fútbol, 2003.

La Pantera conquista Argentina

LUIS AMARANTO PEREA DESDE PEQUEÑO SUPO GANARSE la vida trabajando, bajo el calor intenso de su Colombia natal. Sorteó todo tipo de obstáculos y adversidades antes de llegar a jugar al fútbol como profesional; pero con su disciplina y su garra, logró consagrarse con su equipo Campeón Intercontinental de clubes.

Amaranto vivió una infancia y una adolescencia signada por las privaciones. Sus padres hicieron muchos sacrificios para educarlo de la mejor manera, y trataron de que no le faltara nada; pero en su niñez, la ropa y las golosinas eran lujos inaccesibles para esta familia humilde; y un entretenimiento simple, como el cine, un sueño imposible para un niño como él. Lucho, como lo llama su familia, aprendió desde niño que el esfuerzo y el trabajo eran la base para cualquier cosa

que quisiera conquistar en la vida. Consciente de ello, aprendió a aprovechar todas las oportunidades que se le presentaron. Y así lo hizo. Siempre.

En junio de 2003, le llegó la posibilidad de engrosar las filas de Boca Juniors: nada menos que el equipo más popular de la Argentina. Su pase se concretó a préstamo por un año. Carlos Bianchi, el director técnico más ganador de esa institución argentina, había solicitado con mucho convencimiento a los dirigentes que trajeran al defensor de Independiente de Medellín. Querían inscribirlo para que jugara ante el AC Milán por la Copa Intercontinental, que se disputaría el 14 de diciembre de aquel año en Japón.

Amaranto, para ese entonces, tenía sólo 4 temporadas como jugador profesional. Y no dudó ni un segundo cuando le propusieron mudarse a Buenos Aires. Sabía que jugar en el mítico estadio de la Bombonera y triunfar en Boca, le traería prestigio, y la posibilidad de emigrar a Europa en un futuro cercano.

La oportunidad que llegó

En los albores de este siglo, Boca Juniors ganó casi todo lo que jugó, tanto a nivel nacional como internacional. Una gran influencia tuvieron en estos resultados un muy buen equipo, un gran director técnico,

y su famosa hinchada: un nutrido grupo de fieles seguidores, que son el alma festiva del equipo. Tres jugadores colombianos integraron estos equipos triunfadores: Jorge Bermúdez, Oscar Córdoba y Mauricio Serna, y abrieron la puerta del mercado argentino a sus compatriotas.

Amaranto Perea no los defraudó. El consejo del experimentado Mauricio "Chicho" Serna, le sirvió como guía: "Dedicate a jugar al fútbol y a cuidarte. Si cumplís con eso, triunfas". Y la Pantera hizo su parte. Desde el silencio, desde el bajo perfil, como siempre actuó en su vida.

Apenas llegó al equipo xeneixe, (como también se lo conoce a Boca Juniors), el experimentado director técnico Carlos Bianchi habló con Amaranto, y le sugirió: "Entrene a fondo: la chance le va llegar". Así fue que, al poco tiempo, el colombiano se ganó un lugar en la formación titular,

Amaranto jugó una sola temporada en Boca Juniors. En ese corto lapso, los boquenses le tributaron un gran cariño al moreno defensor colombiano, quien retribuyó las muestras de afecto declarando su amor eterno por el club, y en más de un reportaje. "A Boca se lo quiere y respeta en todos lados. Cuando jugué mis primeros partidos con el equipo, en una gira europea, quedé sorprendido por el acompañamiento de los hinchas (fans) en cualquier latitud. No hay en el mundo una hinchada como la de Boca", declaró. Luego agregó: "En Colombia, los triunfos del equipo eran tomados como propios. Por eso, para mí es un orgullo muy especial haber dejado huella en una de las instituciones más grandes del mundo". También manifestó sobre su paso por allí: "Tuve la posibilidad de tener un equipo y un grupo de trabajo, sobre todo su entrenador, ganador en todos los sentidos, en su forma de pensar, de jugar... y eso obviamente enriqueció mucho mi vida deportiva y mi vida personal (...). Lo de Boca va a ser un recuerdo que lo voy a tener de por vida, ya que allí viví cosas muy lindas. Por eso siempre desearé lo mejor para ese gran club".

Los jugadores de Boca Juniors, Matías Donnet, Sebastián Battaglia, y el colombiano Luis Amaranto Perea, celebran la victoria de su equipo en el Campeonato Apertura 2003, tras vencer a Arsenal por 2-1.

aunque jugando como lateral derecho. Elegido por el entrenador, comenzó a ganarse la confianza de sus compañeros, de los fanáticos y la mirada atenta de la prensa. Su velocidad, su agresividad, y su buen marcaje, hicieron el resto. El mejor partido de aquel Torneo Apertura 2003 lo jugó ni más ni menos que contra River Plate, en el estadio Monumental. En ese Superclásico, en un estadio colmado, Boca fue muy superior al rival de toda la vida, y le ganó por un exiguo 2 a 0. Esa tarde,

Amaranto conquistó el corazón de la hinchada con su juego aguerrido; y Boca se consolidó en el camino al título, que finalmente obtuvo a fines de 2003.

Un sueño en Tokio

Amaranto se hacía un nombre en Argentina; y en una entrevista concedida a un medio colombiano, reflejó ese momento con estas palabras: "No es fácil acomodarse a una cultura nueva, pero sé que el que más fácil se ubica en el exterior, es el que más

El detalle

En la final de Tokio, Perea concretó un sueño inimaginable años atrás: enfrentar y conocer a su máximo ídolo, el defensor italiano Paolo Maldini.

cosas positivas logra. Por eso soy un hombre feliz en Buenos Aires: aprovecho las oportunidades que me da la vida". Y vaya si lo hizo.

Durante su campaña en la institución argentina, Amaranto obtuvo el torneo local, el Apertura 03, y la Copa Intercontinental, competencia que en aquellos tiempos enfrentaba al campeón europeo con el sudamericano, en un solo partido en Japón.

En aquella fría noche de Tokio, Carlos Bianchi confirmó a Perea en el equipo titular que enfrentaría al AC Milán. Boca Juniors, acompañado por más de 15.000 almas, comenzó sufriendo; y la Pantera fue amonestado antes de los 5 minutos de juego. El tiempo reglamentario terminó empatado en 1, y el conjunto azul y oro venció al italiano en la definición por penales, consagrándose nuevamente Campeón Intercontinental.

Aquel 14 de diciembre del 2003, Amaranto jugó el partido más importante y glorioso de su carrera, según declaró hace poco tiempo; y dio la vuelta olímpica con la bandera colombiana, seguramente recordando sus orígenes y cómo había llegado hasta allí, respondiendo con lo mejor de sí a la oportunidad que la vida le brindó para buscar su verdadero destino.

El detalle

El diario deportivo Olé, de Argentina, inmortalizó a Luis Amaranto Perea en un póster. Algunos fans de Boca aún lo conservan.

Del sacrificio a la gloria

GRACIAS A LA EDUCACIÓN Y LOS VALORES LEGADOS por sus padres, Amaranto aprendió, desde pequeño, cuánto rendía el esfuerzo. Tras una infancia y una adolescencia marcada por las carencias, su espíritu de lucha y un sueño, lo llevaron a encontrar en el deporte un medio de supervivencia. Y llegó a imponer su nombre en el competitivo mundo del fútbol.

Un 30 de enero de 1979, nacía el mayor de los 6 hijos del matrimonio compuesto por Amaranto Perea y Feliciana Mosquera, en Currulao, un poblado que pertenece al Municipio de Turbo, en el departamento de Antioquía; está ubicado cerca del mar, y su población humilde se dedica mayormente al cultivo del plátano. Justamente, en una finca bananera trabajó gran parte de su vida Amaranto Perea, el padre de Luis, (de quién heredó su original nombre, proveniente del Chocó, una zona en la que predomina la población afro-colombiana).

Amaranto padre, con el sudor de su frente, y Feliciana Mosquera, en casa, lucharon siempre para que a sus hijos no les faltara nada. Criado en este ámbito, Luis Amaranto comenzó trabajando en una finca bananera, al igual que su padre. Pese a las largas jornadas y a la agotadora faena, la

Pantera se las arreglaba para dar sus primeros pasos en el fútbol: jugó en Cristal Caldas y luego Italia, (ambos equipos de Turbo, su zona de origen). Por entonces ya se vislumbraban sus buenas aptitudes futbolísticas, y su gran condición atlética. Por eso, un día se decidió a hablar con su padre para dejar la finca bananera, y dedicarse de lleno a la pelota. Tras recibir el consentimiento y el apoyo paternal, Lucho se fue a probar suerte a Medellín, la capital de Antioquía.

Entre helados y sueños

Ya instalado en la capital antioqueña, y alentado por su padre, el defensor intentó jugarse por el fútbol. Consiguió y superó una prueba en Deportivo Antioquía, un club del ascenso, mientras trabajaba en una ensambladora de calzados, organizando las hormas. También se ganó el sustento vendiendo cremas; y finalmente, como heladero. En un medio colombiano recordó aquellos días lejanos: "Vendía helados en los barrios Belén y Laureles, y cerca del estadio. Era el típico vendedor de paletas del carrito y la campana. Vendía helados de crema y paletas de fruta, y tenía una estrategia: cuando veía una familia le mostraba los helados a los niños, para que los padres empezaran a comprar".

En esa época, compatibilizar trabajo y pasión futbolera no resultaba sencillo; el sobreesfuerzo de caminar 8 horas diarias con el carrito, más otras 2 de entrenamiento, hacían estragos en su físico. A tal punto, que casi lo desvía de su meta de ser futbolista. En un momento determinado, dejó de ir a entrenar durante unas semanas. Su padre se enteró y lo llamó para decirle: "Lucho, su objetivo no es trabajar sino ser jugador de fútbol. Para trabajar en Medellín, mejor vuelva a casa". En ese momento, Amaranto volvió a tomar conciencia de su objetivo principal, y dejó Deportivo Antioquia para pasar a otros equipos como el Palacio de las Novias y Big Boys, en donde le ofrecieron casa y comida a cambio de trabajo duro. Entonces, cuando pudo dedicarse sólo al fútbol, comenzó a exhibir toda su fortaleza física, su velocidad, y su capacidad estratégica… todos esos talentos que lo llevaron a triunfar en este deporte.

El detalle

Amaranto conoció a su mujer en Medellín, en los alrededores del Estadio Anastasio Girardot, lugar donde solía vender helados cuando alimentaba sus sueños de futbolista.

Futuro en construcción

Luis Amaranto Perea pasó por Independiente de Medellín, Boca Juniors, la Selección Colombia y el Atlético de Madrid. Así, con sus 33 años, hoy es considerado un ejemplo de superación para los niños de su país. Gracias a su progreso, pudo lograr que su familia goce de un mejor pasar; pero su generosidad no se agotó allí:

El Alcalde de Medellín, Alonso Salazar Jaramillo, condecoró en 2010 a Perea con la Medalla al Mérito Deportivo en Categoría Oro, por su brillante trayectoria.

los niños de su pueblo natal, hoy tienen la chance de disfrutar de una escuelita de fútbol; esta institución la maneja su padre, quien contó a los medios: "La escuela alberga 160 niños y participa en distintos torneos regionales. Lucho colabora con los niños en muchas cosas. Su gratitud y generosidad me llenan de orgullo. Le doy gracias a Dios por todas las bendiciones que le ha dado, aunque también considero que él nació para triunfar".

Amaranto alcanzó esta meta manteniendo un espíritu humilde y solidario, gracias a sus convicciones y al apoyo de sus padres. Y también al de su esposa, Digna Luz Murillo, una atleta colombiana de elite. Fruto del amor entre los deportistas llegaron 2 hijos al mundo: Juan David y Daniel Esteban.

Digna, conocida en Colombia como la Reina de la Velocidad, fue un pilar emocional vital en la carrera del jugador. Amaranto explicó: "Cuando los 2 son atletas, cada uno sabe lo que tiene, y es firme en el compromiso con su pareja. En el caso nuestro ha sido bueno y nos ha facilitado muchas cosas, porque Digna Luz comprende muy bien el tema de las concentraciones; y cuando ella está en competencia yo también lo asumo de buena manera porque conozco el sistema". Con estos valores de vida compartidos con su amor, Amaranto Perea siguió cimentando un nombre prestigioso, que trasciende las fronteras del mundo del fútbol.

Digna Luz Murillo, la esposa de Amaranto, brilla con estrella propia. La atleta obtuvo múltiples primeros puestos en torneos nacionales, sudamericanos e intercontinentales además de participar en los Juegos Olímpicos de Australia y Grecia. En Sidney clasificó a las semifinales de los 4X100 m. al lado de Ximena Restrepo, Mirta Brook y Felipa Palacios; y en Atenas también tuvo una actuación decorosa. Desde que la pareja se radicó en España, Digna Luz participó en diversos torneos, llegando a ser campeona española de los 100 metros en reiteradas oportunidades. Incluso representó al país ibérico tras nacionalizarse, con brillantes actuaciones en los campeonatos europeos. Un tiempo atrás fue desafectada de la Selección Española de Atletismo por supuestos nexos con un entrenador, Manuel Pascua, involucrado en casos de doping. Digna aclaró a los medios españoles: "Hubo confusión porque soy amiga de Manolo. Me han hecho todos los controles habidos por haber, y puedo decir que estoy limpia y muy tranquila". Y agregó: "Yo sólo soy una atleta y lo único que quiero es correr y hacer bien mi trabajo". Lejos de las polémicas, Digna Luz y Luis Amaranto construyeron una familia hermosa, unida por el respeto, el amor... ¡y el vértigo deportivo!

Medellín
la tierra prometida

TRAS DEDICARSE A LA VENTA AMBULANTE y otros oficios para ganarse la vida, Amaranto alcanzó el objetivo que se había propuesto cuando arribó a Medellín: jugar al fútbol. El destino quiso que alguien apreciara sus cualidades, casi por casualidad, y lo recomendara para uno de los grandes equipos de la ciudad. Allí demostró sus condiciones y empezó su ascendente carrera.

Corría el año 1998. Carlos Valencia, ex dirigente de Independiente de Medellín, se detuvo a ver un partido informal que jugaban varios morenos en el barrio La Iguaná. Se destacaba uno en particular, de buen porte y veloz, que jugaba en la defensa. Tiempo después, el directivo volvió a ver aquel muchacho que le pareció buen jugador, vendiendo helados en los alrededores del Estadio Anastasio Girardot. Valencia se le acercó sin titubear y sin más, lo invitó a probarse bajo su recomendación en el Poderoso de la Montaña, (como también se conoce al equipo antioqueño).

Valencia habló de sus virtudes con Julio Comesaña, manager futbolístico del DIM, quién aprobó su incorporación tras verlo jugar en algunas prácticas. Finalmente, Luis Amaranto Perea arrancó su carrera profesional con Deportivo Independiente de Medellín (DIM) en el año 2000.

Libardo Serna, ex gerente del DIM recordó en los medios:"Don Carlos no estaba equivocado cuando nos habló de las maravillas de Lucho, porque desde sus inicios mostró calidad; la primera oportunidad se la dio Víctor Luna en el 2000. A partir de ese día se mantuvo en el grupo principal y desde el 2001 se apoderó de la camiseta titular". A partir de ese momento, la vida empezó a cambiar para Amaranto, quién se ganó en poco tiempo el cariño de los hinchas del Medallo, como se conoce al equipo.

En busca del milagro

Asentado en la plantilla del DIM, Amaranto empezaba a cobrar su primer dinero en el fútbol. En un corto lapso encajó perfectamente en el engranaje del equipo, que jugó y perdió contra América de Cali las finales del torneo del año 2001. Una frustración más para el DIM, que no se coronaba campeón colombiano desde 1957. Sin embargo, desde su humilde lugar, la Pantera abrigaba la secreta esperanza de salir campeón con los Rojos; él sabía –quizás mejor que nadie-, que la vida siempre da revancha.

Así fue como en la temporada 2002 participó en la campaña histórica donde el Deportivo Independiente Medellín cortó la sequía de 45 años sin títulos. Ese año, el equipo no había arrancado bien; y luego comenzó a escalar en la tabla hasta llegar a clasificarse a los play offs que definirían al campeón. En medio de todo esto, en la retina de los hinchas quedaba grabado el 4 a 0 sobre el rival de toda la vida: Nacional de Medellín.

En el octogonal final el DIM ganó el grupo A que integró junto a Tolima, Bucaramanga y Deportivo Cali. Amaranto, por su parte, era uno de los pilares del equipo y con un par de años de

Amaranto Perea se considera un privilegiado por haber participado en la consagración del Deportivo Independiente de Medellín después de 45 años. Los vehementes seguidores de este club, el más antiguo de la liga profesional colombiana, por su parte, idolatran a aquellos gladiadores. Vale destacar también que, a pesar de las malas administraciones y los campeonatos frustrantes, los fanáticos siempre fueron incondicionales al equipo a lo largo de su historia. Fundado un 15 de abril de 1913, el DIM obtuvo hasta la actualidad el título local en 5 ocasiones: 1955, 1957, 2002, 2004 y 2009. La institución ha sobrevivido diversas crisis económicas que casi la llevan a su desaparición. Inclusive, llegó a la quiebra y estuvo al borde del descenso en un par de ocasiones durante la década del '90. Sin embargo, logró resurgir de las cenizas; y gracias al espíritu luchador de dirigentes, jugadores e hinchas, el nombre del Independiente de Medellín continúa en lo más alto del fútbol colombiano.

profesionalismo ya se aprestaba a jugar su segunda final consecutiva.

Regreso a la gloria

La definición del torneo 2002, entonces, se jugaría a dos partidos contra Deportivo Pasto. Los jugadores del DIM, por lo pronto, debían asimilar la presión de tantos años de frustraciones para salir victoriosos. Amaranto, gracias a su formación, estaba preparado para revertir esa adversidad.

El DIM ganó el primer cotejo 2 a 0 y empató en uno el segundo; así logró ser campeón, después de 45 años, por tercera

Amaranto Perea jugando para el Independiente de Medellín, disputando un balón, (2003).

El detalle

El 11 de mayo de 2002, Perea participó en un clásico atípico ante Nacional, ya que se jugó a puertas cerradas. Terminó igualado en uno.

vez en su historia. Tras la consagración, Amaranto declaró a la Radio Caracol de Colombia: "Todo lo que estoy viviendo es muy hermoso y un verdadero premio de Dios, porque cuando uno trabaja con humildad, convicción y disciplina, solamente recibe bendiciones". En aquel joven conjunto dirigido por Víctor Luna se destacaron figuras como Amaranto, David González, Andrés Orozco, Ricardo Calle, Juan Leal, Tressor Moreno, Mauricio Molina, David Montoya y John Restrepo, entre otros.

Gracias a ese campeonato, el DIM regresó en el 2003 a la Copa Libertadores, en la que salió tercero, tras ser una de las gratas sorpresas del torneo continental.

Amaranto jugó en el club que lo hizo profesional hasta 2003, (cuando pasó a Boca Juniors) y siguió cosechando títulos nacionales e internacionales. Pese a ello nunca olvidó ser afectuoso y agradecido; y así lo dejó saber un directivo que recibió un llamado suyo, cuando ya era una figura consagrada: "Estoy muy agradecido con ustedes por lo que estoy viviendo, porque si el DIM no me hubiera brindado la oportunidad, no estaría disfrutando este sueño; muchas gracias a todos, un abrazo y siempre estaré pendiente del Rojo de mi alma".

Con sencillez y gratitud, Amaranto prosiguió construyendo una trayectoria gloriosa.

El detalle

Cuando el DIM se coronó campeón en 2002, Medellín vivió una de las caravanas más multitudinarias de su historia. Amaranto no la olvida.

Selección Colombia
sangre, sudor y lágrimas

FRUTO DE SU TRABAJO, SU ESFUERZO Y SU PERSEVERANCIA, Amaranto es convocado para defender los colores nacionales desde 2003. Aunque el equipo no logró llegar a un par de mundiales, ni tampoco sobresalió en copas continentales, él continúa firme en su puesto. Su objetivo es clasificar para el próximo mundial; y como siempre, dará todo para conseguirlo.

Perea da pelea. Ese parece ser el lema del jugador colombiano. Es que desde el silencio, siempre luchó por lo suyo hasta conseguir lo deseado. Y jugar el Mundial de Brasil 2014 sería como un broche de oro para su carrera. Por eso Perea dará pelea, como siempre.

Desde su debut con la Selección Colombia en septiembre de 2003, Amaranto ha sido internacional en más de 60 oportunidades, y fue dirigido por 7 entrenadores. Todos contaron con él porque no dudaron que su capacidad y su disciplina son un gran aporte al grupo.

Hasta hoy, lleva disputados 2 ediciones de la Copa América, (el torneo de selecciones más viejo del mundo), y va por su tercera eliminatoria sudamericana. En la primera Copa América, jugada en Venezuela en 2007, el seleccionado colombiano quedó afuera en la fase inicial. En la segunda, jugada en Argentina en 2011, quedó

Amaranto Perea lucha por el balón con Vicente Sánchez de Uruguay.

eliminada en cuartos de final con Perú, tras empatar en cero durante el tiempo reglamentario y perder 2 a 0 durante el alargue. Por eliminatorias, el conjunto cafetero (como llaman cariñosamente a la Selección Colombia), no clasifica a un mundial desde 1998. Para Amaranto es un honor defender con orgullo la camiseta nacional; para aportar toda su experiencia, fue nuevamente convocado a disputar la eliminatoria que se está desarrollando con vistas a Brasil 2014.

Hasta las lágrimas

En esta nueva eliminatoria, sobre 3 partidos jugados, la selección colombiana cosechó 4 puntos. El primer partido jugado en octubre de 2011 se lo ganó a Bolivia, en La Paz, por 2 a 1, con Gol de Falcao en tiempo de descuento. Esa jornada fue histórica para Amaranto: por la primera

El detalle

En la selección colombiana, Perea fue dirigido por Francisco Maturana, Reynaldo Rueda, Jorge Luis Pinto, Eduardo Lara, Hernán Darío Gómez, Leonel Alvarez y José Pekerman.

victoria en Bolivia por eliminatorias y por la capitanía.

Entrevistado por la Cadena Caracol, apenas concluido el encuentro, Amaranto declaró: "Sabíamos que iba a ser muy difícil. Estamos contentos y felices, esto se lo dedicamos a todos los colombianos". Luego, fue halagado por el entrenador colombiano Juan José Peláez, quién comentó el partido por TV: "Luchito te felicito por esa cinta de capitán. Mostraste

Durante la edición de la última Copa América jugada en Argentina, Amaranto Perea y la defensa colombiana protagonizaron un gran campeonato. En la primera fase, el equipo dirigido por Hernán "Bolillo" Gómez no recibió goles en ninguno de los 3 partidos jugados, y culminó como líder en su grupo. En la sede de San salvador de Jujuy, Colombia le ganó 1 a 0 a Costa Rica. El segundo cotejo, jugado en Santa Fe contra Argentina, culminó sin tantos; el equipo anfitrión contó en sus filas con estrellas como Lionel Messi, Sergio Agüero, Carlos Tevez, Gonzalo Higuaín y Javier Pastore, entre otros. También en Santa Fe se dio la victoria por 2 a 0 contra Bolivia, donde se coronó una muy buena primera ronda colombiana. En cuartos de final, Colombia enfrentó a Perú en Córdoba, y recibió el primer gol en contra del campeonato, cuando corría el minuto 101 del alargue. La defensa colombiana estuvo compuesta por el arquero Luis Martínez, los laterales Juan Zúñiga y Pablo Armero, mientras Amaranto compartió zaga central con Mario Yepes.

Amaranto será uno de los 10 jugadores con más participaciones en la selección colombiana. Carlos Valderrama lidera el ranking.

una madurez enorme manejando la defensa". Tras esas palabras, mientras agradecía los dichos, Amaranto rompió en lágrimas: seguramente recordó el arduo camino transitado hasta llegar a ponerse la cinta de capitán del seleccionado nacional.

Después de esa victoria, Colombia en el mes de noviembre de 2011 jugó como local ante Venezuela y Argentina. Con los primeros empató en 1 gol y con los argentinos perdió por 2 a 1.

Estos resultados produjeron el alejamiento del entrenador Leonel Álvarez. En su lugar llegó el prestigioso argentino José Pekerman, con la misión de escribir una nueva historia, en la que Amaranto también estaba incluido.

El sueño del mundial

Tiempo atrás, Amaranto declaró en un medio español: "Soy un jugador que siempre deja todo dentro del campo de juego, y no ahorro nada de esfuerzo. Voy a dar hasta lo último de mí para que Colombia clasifique a Brasil 2014. No quiero terminar mi carrera sin jugar un mundial".

Y hacia allí va, porque el estreno de la era Pekerman volvió a contarlo como capitán de los cafeteros. Esa ocasión se dio en el marco del partido amistoso que Colombia y México disputaron el 29 de febrero de 2012, en el Sun Life Stadium de Miami. La victoria fue para Colombia por 2 a 0, con goles de Falcao y Juan Cuadrado. Un comienzo esperanzador para Colombia, que ya obtuvo dos triunfos con Luchito como capitán.

A partir de su velocidad, su quite, su disciplina y experiencia, la Pantera es una pieza fundamental en el andamiaje colombiano hacia Brasil 2014. Hay toda una nación esperanzada detrás de estos jugadores con sueños mundialistas. Amaranto va a dejar todo para lograrlo, porque Perea la pelea.

En su primer partido como capitán de los Cafeteros, el 11 de octubre de 2011, Amaranto Perea lucha por el balón con Pablo Daniel Escobar, de Bolivia.

Amaranto Perea llegó al Atlético de Madrid y pudo detener a Lionel Messi, la estrella del Barcelona, en un partido en el que los Colchoneros ganaron 2-1 al Barça.

Atlético Madrid
el hombre récord

PEREA JUGÓ EN EL ATLÉTICO MADRID desde 2004 hasta 2012. En sus años con los colchoneros, Perea ganó varios títulos, entre ellos la UEFA Europa League en 2012. En septiembre de 2011 Perea convertido en el jugador extranjero con más partidos jugados para ese club, y terminó su carrera allí con más de 300 apariciones oficiales para el Atlético Madrid.

Luis Amaranto Perea arribó al Atlético Madrid a mediados de 2004, proveniente de Boca Juniors. Los madrileños quedaron deslumbrados con su juego y su velocidad, tras ver al defensor en un amistoso disputado entre los dos equipos en España.

Así Luchito cumplió el sueño de muchos jugadores sudamericanos: llegar a Europa. Rápidamente se ganó un lugar en el equipo titular y comenzó a enamorar a los fanáticos y a la prensa con su garra y su velocidad en la cancha.

Cuando un medio colombiano lo entrevistó para dialogar sobre su arribo a España, él sintetizó:"Mi sueño era jugar en Europa y ya estoy en España. Vengo con ilusión y quiero aportar lo mío para que el equipo sea protagonista. Voy a dejar todo en el terreno de juego y espero hacer las cosas bien para que puedan llegar más colombianos a este fútbol".

Desde su debut con victoria por 2 a 0 al Málaga F.C, en agosto de 2004, siempre dejó todo de sí para que el

El detalle

Cesar Ferrando, Carlos Bianchi, Pepe Murcia, Javier Aguirre, Abel Resino, Santi Denia, Quique Sánchez Flores, Gregorio Manzano y Diego Simeone entrenaron a Perea en Atlético Madrid.

equipo lograra cosas importantes. Incluso, en más de una oportunidad sufrió lesiones de consideración por su esfuerzo extremo. La primera de ellas, en 2008, fue un traumatismo de cráneo encefálico tras un choque con un jugador del Osasuna. La segunda lesión grave, en 2009, fue la fractura de malar izquierdo, sufrida en un juego ante el Sevilla. Así queda certificado como estuvo dispuesto siempre a arriesgarlo todo por los colores.

El gran defensor

En todos estos años con el Atlético Madrid, Perea conquistó 4 títulos internacionales y un récord: con más de 300 partidos en su haber, es el jugador extranjero que más veces representó al equipo madrileño. Con esta marca, superó al argentino Jorge Griffa.

En cuanto a los títulos, el primero de ellos, la Copa Intertoto, (que actualmente ya no se juega), lo obtuvo en 2007, año en que también se nacionalizó español para no ocupar plaza de extranjero en el equipo. Este título se consiguió tras derrotar al Gloria Bistrita, de Rumania.

Su segundo título fue la Europa Uefa League, ganada en mayo de 2010 tras vencer por 2 a 1 al Fulham de Inglaterra en

Luis Amaranto Perea lucha por el balón con Fernando Llorente, del Athletic Bilbao, durante el partido de fútbol de la Liga, en el estadio Vicente Calderón de Madrid, (2011).

Amaranto Perea en acción, (abril de 2011).

Atlético de Madrid: el equipo posando antes de un partido de la Liga española en diciembre de 2011. Perea está en la fila delantera, a la derecha. En el centro de la fila está su compañero colombiano, Radamel Falcao.

tiempo suplementario. La final se llevó a cabo en el estadio Norbank Arena, de Hamburgo, y la gran figura del encuentro fue el uruguayo Diego Forlán, quién compartía equipo con la Pantera, y marcó los dos goles colchoneros. Con semejante galardón, Perea se convirtió en el segundo colombiano, detrás de Faustino Asprilla, en conseguir la segunda corona de clubes más importante de Europa. En aquella jornada memorable, Amaranto festejó la victoria como lo hizo siempre: portando una bandera colombiana.

En la vidriera del mundo

Tras ganar la Europa League, el Atlético de Madrid obtuvo el derecho a jugar la Supercopa de Europa ante el ganador de la Champions League: el temible Inter de Milán. La final se jugó en Mónaco en agosto de 2010; los colchoneros se impusieron por 2 a 0 al equipo italiano, que ese mismo año había conseguido la triple corona: Champions League, Liga Local y Copa de Italia. Todo un logro para este equipo.

Tras la obtención del título, Amaranto

declaró al diario deportivo español Marca: "El objetivo de los sudamericanos siempre es jugar en Europa. Yo lo he conseguido y estoy feliz por haber ganado títulos con el Atlético. Dios ha hecho posible todo esto, y si estoy acá es porque también he hecho las cosas bien". Luego agregó: "En todos estos años siempre acepté críticas, ya que ayudan a corregir y mejorar, y por eso las prefiero sobre los elogios. Sin duda, valió la pena luchar durante tanto tiempo, ya que conseguimos dos títulos muy importantes".

Después de ayudar a ganar el Atlético de Madrid Copa de la UEFA en la final de la temporada 2011-12, Perea abandonó el club. Esto era de esperarse, ya que ya no estaba de partida con regularidad. Él firmó un contrato con el club de primera división mexicana Cruz Azul. Por lo tanto, Amaranto se hizo un nombre por sí mismo que es respetado en todo el mundo.

En el 2010, Perea declaró en un reportaje que era consciente de lo duro que

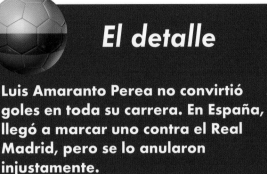

El detalle

Luis Amaranto Perea no convirtió goles en toda su carrera. En España, llegó a marcar uno contra el Real Madrid, pero se lo anularon injustamente.

es emigrar para trabajar en otro país: "Sé lo que se sufre. Cada vez que veo un colombiano por la calle (en España) siempre le doy mi afecto y cariño. Y ellos también me dan su energía de una forma impresionante. Yo me siento orgulloso de Colombia; para mí el mejor país del mundo. Por eso en mi carro siempre escucho salsa y vallenato".

Este gran hombre vive su destino de gloria como futbolista sin dejar de ser solidario y humilde. Y eso demuestra que, quien no olvida sus orígenes, siempre puede soñar y concretar un gran futuro.

Este año, Amaranto tuvo el honor de conocer, junto al plantel de Atlético de Madrid, al Papa Benedicto XVI. Fue en el Vaticano, un día antes del juego contra la Lazio de Roma, por la Europa League. Sobre este encuentro, Amaranto declaró ante un medio colombiano: "Conocer al Papa ha sido muy emocionante. Para nosotros ha sido muy especial y un momento muy lindo. Sólo puedo dar las gracias a los que han hecho esto posible". El Papa recibió a los madrileños en una sala privada, y allí los jugadores le entregaron diversos regalos: una camiseta con su nombre, una réplica de la Supercopa de Europa y de la Europa League, y un lingote con los tres escudos que ha tenido el club en su historia. Tras la bendición papal, los madrileños vencieron a los italianos y los dejaron fuera de la competición que los tiene como serios aspirantes la obtención de un nuevo título continental.

GLOSARIO

Capitán—Jugador que representa al equipo ante árbitros, entrenadores o equipo directivo, y se encarga de negociar todo lo concerniente a su grupo. Cada equipo suele tener 3 capitanes.

Centro del campo—Parte central de la cancha, donde suele transcurrir la mayor parte del juego.

Copa Colombia—Se la conoce como Copa Postobón, y es un torneo oficial que disputan los equipos de las categorías A y B de la División Mayor de fútbol colombiano.

Copa Intertoto—Fue una competencia internacional organizada por la Unión Europea de Asociaciones de Fútbol. Se disputó hasta el 2008.

Copa Libertadores de América—Es el torneo de fútbol más importante de América.

Copa UEFA—Es el torneo internacional más antiguo de Europa, también llamado UEFA Europa League; el segundo en importancia, luego de la Champions League.

Debutar—Cuando se presentan por primera vez ante el público jugadores, entrenadores o equipos.

Defensa—Es la línea del equipo formada por los jugadores cuya misión es proteger a su equipo de los ataques del contrario.

Defensa individual—Estrategia que consiste en un marcaje individual: un jugador se encarga de marcar a un solo jugador rival.

Hinchada—Afición. Fans, fanáticos. Conjunto de personas que asisten asiduamente a alentar a su equipo, o lo siguen con pasión.

Liga de las Estrellas—Es como llama la prensa a la Primer División en España, ya que están jugando allí muchos de los mejores jugadores del mundo.

GLOSARIO

Marcaje—Jugada que consiste en situarse cerca de un jugador rival y dificultar su accionar.

Mundial—Máxima competencia del fútbol que enfrenta a las selecciones nacionales de todos los continentes.

Play-Off—Eliminación directa. Es un sistema utilizado en el mundial de fútbol que consiste en que el perdedor de un encuentro es inmediatamente eliminado.

Visión de juego—Capacidad de observar la disposición de los compañeros y rivales sobre el terreno de juego y predecir sus movimientos.

Vuelta olímpica—Vuelta de honor. Caminata alrededor del terreno de juego que hacen los equipos cuando logran una victoria importante o un trofeo, saludando a la hinchada.

BIBLIOGRAFÍA

Luis Aznar. "He llegado a casa abatido muchas veces". Entrevista. Diario deportivo Marca, de España. (Mayo de 2010).

Francisco Henao Bolívar. "En casa está la clasificación". Entrevista. Diario El País de Colombia. (Noviembre de 2011).

Miller Pinto Cobos. "Tenemos que enderezar el camino". Entrevista para la revista Nuevo Estadio, de Colombia. (Febrero de 2012).

Jaime Herrera Correa. "Amaranto Perea nació para triunfar". Entrevista al padre de Amaranto. Diario El Colombiano. (2006).

Víctor Sánchez Rincones. "Soy del Atlético de Madrid hasta la muerte". Entrevista. Portal EnLatino.com. (Mayo de 2010).

"Yo empecé como vendedor de helados". Perfil en primera persona de la revista Soho, de Colombia. (2010).

RECURSOS de INTERNET

http://www.dim.com.co

Es la web oficial del club Deportivo Independiente de Medellín. Se publican estadísticas, vídeos de partidos, y hay información sobre su escuela de fútbol.

http://www.colchonero.com

Es una web de aficionados del Atlético de Madrid, en la cual se pueden encontrar reportajes en vídeo, además de novedades del club, fotos, información de los partidos.

http://colombia.golgolgol.net

Web especializada en el fútbol colombiano, con muchas imágenes vídeos, novedades de la Liga Postobón y del fútbol latinoamericano.

http://www.copapostobon.com.co

Es la web oficial del torneo Copa Postobón, y publica el calendario, las posiciones y todas las noticias del fútbol profesional colombiano.

http://www.colfutbol.org/

Es la web oficial de la Federación Colombiana de Fútbol. Hay información sobre fútbol masculino y femenino, torneos locales e internacionales, y también sobre fútbol sala y de playa.

http://www.nuevoestadio.com

Publicación colombiana de circulación nacional. En la web, se puede seguir a la liga colombiana, la selección de ese país, reportajes y columnas de opinión.

ÍNDICE

3/19 ② 8/17